ADRESSE

A' MESSIEURS

DE LA CHAMBRE DES DÉPUTÉS.

PARIS,

J. G. DENTU, IMPRIMEUR-LIBRAIRE,

rue des Petits-Augustins, n° 5 (ancien hôtel de Persan).

1817.

ADRESSE

A MESSIEURS

DE LA CHAMBRE DES DÉPUTÉS.

J'AI l'honneur d'adresser aux dignes membres de la Chambre, de justes réclamations contre la conduite arbitraire du ministre et du préfet de police, qui violent à la fois, et le droit des gens et la liberté individuelle dans la personne de M. de Maubreil.

M. de Maubreil fut chargé par le gouvernement provisoire et ses ministres d'une mission secrète et d'état, mission de la plus haute importance, puisqu'il lui fut délivré des ordres très-positifs et particuliers de chaque ministre, signés Anglès, Dupont, Bourrienne, et des deux généraux commandans en chefs les troupes alliées. Ces ordres mettaient à la disposition de M. de Maubreil, la police de France, les troupes françaises, celles étrangères, et tous les chevaux de poste. Tout le monde sait la couleur de vol qu'on sut donner à cette affaire, tout le monde connaît l'arrestation du missionné ; mais on ne connaît pas tous les tourmens qu'il a éprouvés, bientôt ils seront révélés, et on laissera à l'opinion publique à dire quels sentimens sont dus à ses persécuteurs.

M. de Maubreil fut mis au secret le plus rigoureux pendant quatre-vingt-cinq jours, et il y fut remis encore un mois après, pendant trente jours. Son affaire fut renvoyée devant les tribunaux, qui, après l'avoir interrogé cent fois, se déclarèrent incompétens par une ordonnance du 3 novembre 1814, de là, elle fut renvoyée au ministère de la guerre, le ministre Soult s'en empara, fit transférer M. de Maubreil à l'Abbaye, où il le remit au secret pendant cent six jours, nomma une commission qui ne jugea pas, mais qui traîna l'affaire en longueur jusqu'au fatal moment du 20 mars, où M. de Maubreil fut délivré de son secret, et mis en liberté *par ordre du Roi.*

Libre, mais sans moyens d'existence, ne sachant où retrouver ses amis tous partis ou prêts à partir, épuisé par toutes les tortures arbitraires qu'il avait inutilement éprouvées, M. de Maubreil ne pouvant suivre le Roi, comme il l'aurait désiré, se retira à Saint-Germain chez M. le comte Dannès, maire de cette ville, l'ami de son enfance, et sous les ordres duquel il avait fait, à l'âge de quatorze ans, la troisième guerre de la Vendée.

Réal ne le laissa pas long-temps en repos, ses agens l'enlevèrent et le replongèrent au cachot et au secret. Le détail des offres, des menaces qu'on lui fit tour à tour serait trop long et inutile faire pour le moment. M. de Maubreil, malgré qu'il fût certain de sa perte, soutint son caractère, ne fit aucune déclaration, et ne voulut rien signer.

Sur ces entrefaites, un de ses amis l'enleva, comme par miracle, et l'engagea à le suivre à Gand, le détourna du projet d'aller retrouver, en Vendée, messieurs de la Rochejaquelin, ses amis et ses parens, et l'emmena directement à Gand, pour offrir au Roi son sang et ses services, pour demander à Sa Majesté, comme unique grâce, d'être mis en jugement sitôt qu'elle serait revenue au trône de ses pères. M. de Maubreil traversa la France, à l'aide d'un déguisement. (Je le demande ici aux moins impartiaux, un homme qui se sent coupable, un voleur de grands chemins, court-il ainsi à travers tous les périls au-devant d'un jugement ?)

A peine M. de Maubreil était arrivé à Bruxelles, que le 4 mai 1815, M. de Sémalet, commissaire du Roi, violant toutes les lois du pays, le fait arrêter au nom du Roi de France dans les états du Roi des Pays-Bas, le fait conduire à Gand : les ministres s'assemblent, et décident que M. de Maubreil doit rester arrêté sans être ni jugé ni interrogé. Il est bon de faire

observer que M. Anglès, l'un des signa-
taires des ordres précités, venait d'arriver
depuis quelques jours, et faisait partie du
conseil.

Les lois du royaume des Pays-Bas s'op-
posant à un pareil abus d'autorité, il fal-
lut trouver un moyen de le légitimer, et de
représenter comme criminel celui qui venait demander à son Roi la permission de
verser son sang pour lui, et on imagina de
répandre dans toute la ville, de dire au Roi
lui-même, que M. de Maubreil n'était venu
que pour l'assassiner, et on se contenta d'ap-
puyer cette horrible assertion par l'idée
qu'un prisonnier de cette importance n'a-
vait pu échapper aux fers de Buonaparte,
que par un lâche et criminel traité avec lui.

M. de Maubreil fut traîné de Gand à
Bruxelles, de Bruxelles à Liége, où enfin il
se sauva et rentra en France presqu'en même
temps que le Roi.

Un arrêt de la Cour royale, rendu le
. . . . mit en liberté M. Dasis,
porteur des mêmes ordres que M. de Mau-

breil, ainsi que le malheureux et fidèle va-
let-de-chambre de celui-ci , comme n'*étant
ni l'un ni l'autre coupables d'aucun délit*;
mais M. de Maubreil , qui était libre alors ,
fut renvoyé , par le même arrêt , en police
correctionnelle , *comme prévenu seulement
d'abus de confiance.*

— Dès-lors il n'y a donc plus de vol ? ...
Il y a donc eu des ordres ? ... Car il ne
peut y avoir d'abus de confiance sans man-
dat , sans mission ; ce fameux brigand , pro-
clamé tel par tous les Gazetiers , était donc
missionné ? ... Il n'a donc pas volé les dia-
mans ? Il les aurait donc tout au plus rete-
nus , détournés un instant (ce qui n'est pas
encore prouvé), puisqu'il est renvoyé devant les tribunaux correctionnels pour abus
de confiance , aux termes de l'article 408 du
Code pénal.

M. de Maubreil garda le silence, par
déférence aux prières et aux conseils de
M. Auguste de la Rochejaquelin ; il errait
et se cachait en France de côté et d'autre ;
enfin , il fut enlevé , le 11 juin dernier ,

dans la paisible retraite qu'il avait choisie à quatre lieues de Paris, non pour exécution de l'arrêt ci-dessus relaté, mais pour un nouveau motif, ou, pour mieux dire, sous prétexte de conspiration. Il fut mis au secret le plus rigoureux, et y est encore en ce moment.

Il gémit à la Force sous le coup de toutes les persécutions poignantes et raffinées dont la police est devenue capable : un prisonnier, qui a le malheur de lui parler, est de suite mis au cachot ou transféré à Bicêtre (deux viennent d'y être conduits pour ce motif). La santé de ce malheureux est dans un état si déplorable, que les vœux que forment sans doute ses persécuteurs seront bientôt exaucés, c'est-à-dire que la mort, mille fois préférable à tous les maux qu'il endure, viendra les terminer.

Cependant M. de Maubreil n'est peut-être pas sans droits à quelques égards, de la part du gouvernement du Roi de France : vingt-deux de ses parens ont péri pour sa cause ; son père, plusieurs de ses cousins, sont morts en la défendant dans la dernière guerre de la Vendée.

Depuis le 11 juin, M. de Maubreil a subi plusieurs interrogatoires, non sur la mission dont il avait été chargé, mais sur la prétendue conspiration dans laquelle on voulait l'impliquer. On abandonna cet odieux projet, quand on eut reconnu qu'il était évidemment absurde de vouloir faire conspirer un homme qui, depuis trois mois, était caché dans une campagne où il n'était visité que par un ami.

Quoi qu'il en soit, M. de Maubreil n'est point jugé, et languit toujours dans les horreurs du secret qui, sous un gouvernement représentatif sur - tout, doit être regardé comme un des plus cruels supplices, lorsqu'il se prolonge au-delà du temps voulu par les lois et nécessaire pour l'instruction.

Je viens donc demander que M. de Maubreil *soit enfin jugé*, je viens mettre sa liberté, sa vie sous votre sauve-garde. Un arrêt de la cour royale de Paris qualifie le délit dont il est prévenu, et le renvoie devant les tribunaux correctionnels. Je viens demander, en son nom, l'exécution de cet arrêt ; je viens demander que le cours de la justice ne soit plus interrompu pour lui, que vous le fassiez jouir de tous les droits que la Charte assure à tous les Français. Je viens prier les députés de la nation de dire si un ministre et un préfet de police peuvent ainsi substituer leurs caprices aux volontés royales annoncées par la bouche de la justice même, et si celle-ci doit faire place à l'arbitraire le plus révoltant.

On répondra peut-être à cette réclamation, comme on a déjà répondu, dans une autre circonstance, en jettant de la défaveur sur le détenu, en le montrant indigne de tout intérêt, en attaquant sa réputation, sa moralité ; mais il ne s'agit point ici de discuter la réputation, la moralité des accusateurs ou de l'accusé, il s'agit d'un fait bien clair, bien simple. Un individu a été mis en jugement, il faut qu'il subisse ce jugement ; et, au surplus, si l'on denie aujourd'hui la protection des principes, si l'on

dénie la justice à l'homme le moins digne
d'intérêt, demain on la refusera à celui qui
en est le plus digne, et la considération
publique elle-même deviendra un bouclier
insuffisant contre l'oppression.

On répondra, peut-être encore, que des
raisons politiques ont seules empêché que
M. de Maubreil fût jugé; mais, suivant
la Charte, existe-t-il des raisons politiques
qui puissent interrompre le cours de la justice, qui puissent priver un citoyen de sa
liberté pendant une partie de sa vie ou pendant toute sa vie?... Quand un arrêt d'une
Cour a renvoyé un individu devant un tri-
bunal pour y être jugé sur un fait déter-
miné, *un arrêt de la police* peut-il empê-
cher que ce jugement ne soit exécuté?
Peut-il étouffer tout à la fois la voix de la
société, qui croit avoir à se plaindre, et
celle de l'accusé, qui réclame le droit et les
moyens de se défendre?

S'il en était ainsi, Messieurs, la Charte
ne serait plus qu'un vain mot et qu'une
garantie illusoire. Tour à tour, port salutaire

pour les uns, écueil funeste pour les au-
tres, suivant le besoin, le caprice des
hommes puissans, la Charte, dont les ministres invoquent si souvent le nom, ne
deviendrait dans leurs mains qu'une arme
à deux tranchans, destinée à écraser les
malheureux qui oseraient réclamer contre
leurs injustes persécutions.

Comme dans une affaire de cette dé-
licatésse, il est du devoir d'un honnête
homme qui vient réclamer votre appui de
publier le but de sa démarche, je déclare
que je n'en ai d'autre dans la mienne que
de remplir pour un ami malheureux le devoir que m'imposerait l'humanité seule
vis-à-vis d'un homme qui me serait tout à
fait étranger. Je déclare que je n'ai d'autre
but que de retirer cet ami du fond de son
cachot, pour l'amener aux pieds des tribunaux, que de faire succéder à la nuit de
son tombeau anticipé les plus vives lu-
mières de la justice. Je déclare que dans
les débats de cette affaire, que je ne veux
préjuger ni pour ni contre M. de Mon-

breil, il n'y aura de compromis que ceux qui doivent l'être ; que le Roi ni personne de son auguste famille ne peuvent y être compromis en aucune façon ; que ce serait sans raison et à mauvais dessein qu'on en inspirerait la vaine crainte. Le Roi ne peut être responsable des actions de ses ministres ; eux seuls doivent être au moins responsables de leurs méfaits. Le Roi ne peut jamais abuser de l'amour inépuisable de ses sujets ; mais les ministres en abusent étrangement lorsqu'ils veulent arrêter ou repousser une juste réclamation en faisant craindre de déplaire au Monarque ou en accusant de l'attaquer. Ce n'est point attaquer le Roi qu'attaquer ses ministres ; et presque toujours celui qui a le courage de remplir le devoir d'un vrai Français en signalant les attentats portés à la Charte ou à la liberté individuelle, est prêt à remplir le devoir d'un sujet fidèle en allant mourir pour son Prince.

Le Marquis DEBROSSE

Remis le 12 janvier 1817.